Inhaltsverzeichnis

Vorwort

Liebe Erzieher*innen,

Stimmungen und Gefühle wahrzunehmen und diese bewusst zu benennen, ist nicht nur für uns Erwachsene, sondern gerade für Kinder schwierig. Die eigenen Bedürfnisse zu erkennen, sie zu differenzieren und auszudrücken, spielt eine bedeutende Rolle beim Umgang mit den eigenen Emotionen. Farben können dabei sehr hilfreich sein. Denn sie wirken auf unser Gemüt, das heißt, sie beeinflussen unsere Stimmung. Zum einen können wir Farben also für uns nutzen, um unsere Gefühle bewusst zu beeinflussen. Zum anderen können wir diese Gefühle durch Farben nach außen kundtun. Kinder, die noch nicht in der Lage sind, ihre Gefühle zu erfassen und zu benennen, können anhand eines farbig gemalten Bildes oder einer Farben-Gefühls-Uhr (s. S. 22) ihre derzeitige Gefühlslage ausdrücken. Das setzt das Wissen um die Farben und das Wissen um die einzelnen Gefühle sowie deren Zusammenspiel voraus.

Das Projekt beschäftigt sich auf unterschiedliche Weise mit diesem Zusammenspiel aus Farben und Gefühlen. Sie bekommen Material an die Hand, um sich gemeinsam mit den Kindern mit der Thematik auseinanderzusetzen und diese zu erarbeiten.
Es ist wichtig, sich mit den eigenen Gefühlen und Stimmungen auseinanderzusetzen, sie bewusst wahrzunehmen und zu benennen. Gleichzeitig ist es aber auch wichtig zu erkennen, in welcher Gefühlslage das Gegenüber gerade steckt. Oder auch zu erkennen, welches Gefühl dem momentanen Gefühl vorausgeht.
Ein Kind, das plötzlich auf Grund eines Wutanfalls förmlich explodiert, kann von einer tiefen Traurigkeit geleitet worden sein. Vielleicht hat die beste Freundin sich für eine andere Spielpartnerin entschieden oder der beste Freund ist weggezogen. Traurigkeit oder Enttäuschung werden zum Auslöser für Wut. Das Kind fühlt sich nicht in der Lage, diese Traurigkeit auszudrücken, zu benennen oder einfach nur zu weinen und sich einem Erwachsenen anzuvertrauen. Es kann also passieren, dass es die angestaute Traurigkeit in Form von Wut herauslässt.

Das Kind kann aber auch von Ängsten geplagt sein und wird aggressiv, weil es sich zum Beispiel nicht traut, von der Mauer zu springen. Es gibt viele Möglichkeiten. Somit gilt es hier, genauer hinzuschauen und die Gruppe(n-Dynamik) sowie das einzelne Kind im Blick zu haben. Lassen Sie sich und vor allem den Kindern ausreichend Zeit, um sich in das Thema einzufinden. Wichtig ist, dass Sie sehr einfühlsam mit den Kindern umgehen, denn das Sprechen über die eigenen Gefühle fällt nicht jedem leicht. Wenn ein Kind sich nicht äußern möchte, ist das völlig in Ordnung. Es wird dem Thema trotzdem folgen und das aufnehmen, was es für sich als wichtig empfindet. Vielleicht wird es sich im späteren Verlauf äußern oder es lässt die Farben für sich sprechen. Erzwingen sie also nichts, sondern geben Sie den Kindern genügend Raum, um sich und die eigenen Gefühle und auch (Lieblings-)Farben kennenzulernen. Seien Sie gespannt!

Ich wünsche Ihnen und den Kindern viel Freude auf Ihrer bunten Entdeckungsreise!

Astrid Jahns

Liebe Fachkraft,
wir möchten in unseren Materialien niemanden benachteiligen oder diskriminieren. Daher nutzen wir unter anderem das Gendersternchen, um alle Geschlechter anzusprechen. Auf Arbeitsblättern für Kinder verzichten wir jedoch aus Gründen der besseren Lesbarkeit darauf und nutzen weiterhin entweder die „neutrale“ Form oder Doppelformen. Selbstverständlich sind stets alle Geschlechter gemeint.

Vorbemerkungen

Zu den verwendeten Symbolen

Hauptkategorien:

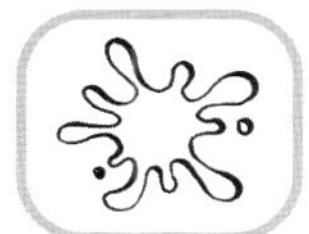
Die Farben

Die Gefühle

Farben und Gefühle

Meine Gefühle

Meine persönlichen Farben

Bildungsbereiche:

 Sprachliche Bildung

 Wahrnehmung und Entspannung

 Musikalische Bildung

 Körpererfahrung und Bewegung

 Ästhetische Erziehung

Tipps und Anregungen zu den Angeboten

Die einzelnen Angebote sind nicht nach Bildungsbereichen, sondern nach Themen sortiert. Innerhalb der Themen bauen die Angebote aufeinander auf bzw. ergänzen sich. Selbstverständlich können auch nur einzelne Aufgaben mit den Kindern bearbeitet werden.

Informationen zum Thema

In diesem Buch geht es um die Gefühle Angst, Wut, Trauer, Freude, Frust und Scham. Der Unterschied von Gefühlen und Emotionen ist der, dass wir Gefühle bewusst wahrnehmen. Emotionen entstehen, vereinfacht gesagt, durch äußere Reize und sind tief in unserem Unterbewusstsein (Limbisches System) verankert. Sie lassen sich nur schwer steuern und „kochen" regelrecht in uns hoch, wie zum Beispiel ein heftiger Wutanfall oder eine plötzliche „Heulattacke". Die Grundemotionen sind Trauer, Ärger / Wut, Freude und Angst sowie Überraschung und Ekel. Die Emotionen, die in unser Bewusstsein gelangen, nehmen wir als Gefühle wahr. Sie kommen also von innen und sind Reaktionen auf unsere Bedürfnisse – entweder erfüllte oder nicht erfüllte. Über unsere Gefühle erfahren wir also auch etwas über das Unterbewusstsein, welches noch lange nicht erforscht ist. Sie sind fest mit unserem Körper verbunden. Sind wir zutiefst traurig, so kann man das zum Beispiel an unserer eingesunkenen Körperhaltung erkennen: „Die Person lässt den Kopf hängen". Wütende Menschen „beben" vor Zorn. Gefühle sind veränderlich und werden meist in gut oder schlecht unterteilt. Allerdings sollte ein Gefühl nicht als etwas „Schlechtes" bezeichnet werden, sondern vielmehr als etwas Unangenehmes.

Vorbemerkungen

Farben gehören zu unserem Leben, denn sie beeinflussen unsere Psyche mehr, als uns bewusst ist. Es ist wichtig, das Interesse an Farben bei Kindern zu wecken, denn Farben ermöglichen vielfältige Ausdrucksmöglichkeiten für die Kinder. In diesem Heft wird überwiegend auf die drei Farben der ersten (Gelb, Rot und Blau) und die drei Farben der zweiten (Orange, Violett und Grün) Ordnung geschaut. Allerdings spielen Schwarz, Grau und Weiß auch eine bedeutende Rolle und werden somit hinzugenommen. Streng genommen handelt es sich bei diesen nicht um Farben, sondern um „Nichtfarben“ oder schlicht „Unbunte“. Zusätzlich wird ein Blick auf die einzelnen Farbfamilien geworfen. Denn eine Farbe wirkt zwar als Farbe an sich, jedoch kommt es auf die Nuance der einzelnen Farbe an. Ein helles Grün wirkt beruhigend und somit anders als ein Giftgrün. Zudem ist auch die Farbe in Kombination mit anderen Farben interessant und kann ihre Wirkung verändern. Schwarz lässt eine Farbe, die eine positive Wirkung hat, negativ erscheinen. Durch das Einwirken von Farben können Gefühle nicht nur bekräftigt, sondern auch ausgedrückt werden. Obwohl Farben auf jeden Menschen anders wirken, können bestimmte Farbbotschaften verallgemeinert werden. Rot wird mit der Liebe assoziiert, aber auch mit Wut und Zorn. Blau weckt Sehnsüchte, Orange aktiviert, Grün entspannt und beruhigt. Ein dunkles Violett wirkt melancholisch. Aber wie bereits erwähnt: Der Ton (Nuance) der Farbe macht die Musik (Farbwirkung).

Farben werden meist unbewusst mit Erinnerungen in Verbindung gebracht. Es gibt Farben, die angenehm oder unangenehm auf uns wirken. Somit sei auch gesagt, dass die Wirkung von Farben auf das Gemüt individuell ist.

Farbe ist Eindruck: Die Impressionisten (1860 – 1920) hielten ihre Eindrücke anhand von Farbstimmungen, die sich aus den Lichtverhältnissen ergaben, auf der Leinwand fest.

Farbe ist Ausdruck: Die Künstler des Kunststils Expressionismus (1905 – 1925) hingegen drückten ihre Gefühle und Stimmungen anhand von (meist) kontrastreichen Farbkombinationen aus.

Kinder im Kindergartenalter lernen ihre eigenen Gefühle und die der anderen Kinder kennen. Es ist wichtig, dass sie ihre Gefühle nicht unterdrücken und angemessen mit ihren, aber auch mit denen der anderen umgehen. Wut ist wohl ein sehr starkes Gefühl – ebenso Traurigkeit, Frust, Scham und Angst. Freude ist ein schönes Gefühl, das auch zum Ausdruck gebracht werden sollte. Natürlich gibt es weitere Gefühle. Um das Thema aber übersichtlich zu gestalten, konzentriert sich das Projekt auf diese sechs Gefühle.

Wenn Sie tiefer in das Thema Gefühle eintauchen möchten, finden Sie im Anschluss Literaturtipps (s. S. 5).

Zu den Farbkarten:

Die Farbkarten in der Heftmitte können Sie jederzeit mit den Kindern in beliebiger Reihenfolge legen. Zudem können Sie diese durch die persönlichen Farben-Gefühls-Karten (s. S. 35) ergänzen, indem Kinder die Karten bemalen. So erhalten Sie ein vielfältiges Repertoire an Farbtönen. Hierfür legen Sie gemeinsam verschiedene Farbkombinationen und besprechen die Wirkung in Bezug auf das entsprechende Gefühl oder die Stimmung. Es müssen nicht immer alle Karten gleichzeitig Verwendung finden. Probieren Sie auch einzelne Farbkombinationen mit zwei bis drei Farben oder nur Farben aus einer Farbfamilie aus. Mit der Zeit werden Sie „geschulter“ sein und intuitiver mit dem Thema umgehen.

Vorbemerkungen

Zu den Gesprächskreisen:

Wie eingangs bereits erwähnt, ist das Thema Gefühle und das Sprechen darüber nicht jedermanns Sache. Das ein oder andere Kind möchte vielleicht erst einmal „nur" zuhören. Das ist in Ordnung und kann sich im weiteren Verlauf ändern.

Richten Sie die Gesprächskreise gemütlich ein und versuchen Sie, eine abgelegene Ecke oder einen separaten Raum zu finden. Sie können es sich zum Beispiel mit Kissen auf dem Boden gemütlich machen. Die Mal- und Bastelarbeiten sollten jedoch an Tischen stattfinden, sodass die Kinder gut arbeiten können.

Zu „Grün, grün, grün sind alle meine Kleider" (s. S. 6):

In dem Lied werden Farben mit Berufsbekleidungen in Verbindung gebracht. Gleiches wird im weiteren Verlauf mit Gefühlen geschehen. Diesen Ansatz können Sie aufgreifen, wenn Sie mit den Kindern über Farben und Gefühle sprechen. Fragen Sie zum Beispiel, ob so wie in dem Lied „Grün, grün, grün sind alle meine Kleider" (s. S. 6) den Farben Berufsbekleidungen zugeordnet werden, man Farben auch Gefühlen zuordnen kann.

Zu „Ich bin traurig" (s. S. 29):

Die Maske eignet sich auch für das Gefühl Scham. Hierfür werden jedoch andere Farben verwendet, wie zum Beispiel Rot, Rosa und Weiß. Vielleicht hat das Kind mit einer Maske eine Art „Schutz" und kann sich dahinter zunächst verstecken und über seine Scham sprechen. Auch hier eignet sich das Freispiel gut. Genauso können die Kinder ein Sorgenpüppchen basteln (s. S. 26), dem sie ihre Traurigkeit anvertrauen, oder eine Schachtel gestalten (s. S. 28), in die sie ihr trauriges Gefühl zwischenzeitlich symbolisch auslagern.

Zu „Mein persönliches Mandala" (s. S. 33):

Bei Bedarf können Sie die Kopiervorlage hochkopieren.

Literaturtipps:

- Van Hout, Mies, Heute bin ich – Bilderbuch, Aracari Verlag, Zürich, 2012
- Llenas, Anna, Das Farbenmonster: Ein Pop-up-Bilderbuch, Christopherus; Neue Auflage, München, 2021 / 22
- Brooks, Felicity (Autor), Allen, Frankie (Autor), Ferrero, Mar (Illustrator), Gefühle – So geht es mir!, Das-sind-wir-Reihe, Usborne Publishing, London, 2019
- Aliki (Autor), Härtel, Susanne (Übersetzer), Gefühle sind wie Farben: Vierfarbiges Bilderbuch, Beltz & Gelberg, 2000
- Wellerdiek, Jule, Mein Gewittertag: Das Glück, Wut zu fühlen – ein Kinderbuch über Gefühle für wütende Jungen und Mädchen, Sinn und Unsinn Kinderbücher, 2022
- Jahns, Astrid, Alle meine Farben – Wir tauchen ein in eine (un-)bunte Welt, Mini-Projekte für die Kita, Raabe Verlag, Stuttgart, 2021
- Jahns, Astrid, Hilfe, ein Gewitter – Kinderängste, Artikel, klein & groß, Mein Kita-Magazin, Oldenbourg Verlag, München, 09 / 2017
- 30 Gefühlskarten für Kinder: Sozial-emotionale Entwicklung fördern (…), Don Bosco Verlag, München, 2021

Grün, grün, grün sind alle meine Kleider

ab 3 Jahren

Liedtext: Grün, grün, grün sind alle meine Kleider,
Text und Melodie traditionell nach: Grün, grün, grün sind alle meine Kleider

2. Rot, rot, rot sind alle meine Kleider,
rot, rot, rot ist alles was ich hab.
Darum lieb ich alles was so rot ist,
weil mein Schatz ein Reiter ist.

3. Blau, blau, blau sind alle meine Kleider,
blau, blau, blau ist alles was ich hab.
Darum lieb ich alles was so blau ist,
weil mein Schatz ein Matrose ist.

4. Schwarz, schwarz, schwarz sind alle meine Kleider,
schwarz, schwarz, schwarz ist alles was ich hab.
Darum lieb ich alles was so schwarz ist,
weil mein Schatz ein Schornsteinfeger ist.

5. Weiß, weiß, weiß sind alle meine Kleider,
weiß, weiß, weiß ist alles was ich hab.
Darum lieb ich alles was so weiß ist,
weil mein Schatz ein Müller ist.

6. Bunt, bunt, bunt sind alle meine Kleider,
bunt, bunt, bunt ist alles was ich hab.
Darum lieb ich alles was so bunt ist,
weil mein Schatz ein Maler ist.

Vorbereitung:

Das Lied eignet sich hervorragend zum Einstieg. Finden Sie sich in einer gemütlichen Ecke zusammen. Erläutern Sie den Kindern, dass Sie sich in nächster Zeit mit Farben und Gefühlen beschäftigen werden.

Arbeitsanleitung:

Stimmen Sie das Lied an. Sie können den Kindern auch zuvor eine Strophe vorlesen, damit ihnen das Mitsingen leichter fällt.

Fragen Sie die Kinder im Anschluss:

- „Welche Farben kommen in dem Lied vor?“ (Grün, Rot, Blau, Schwarz, Weiß, bunt)
- „Welche Farben kennt ihr noch?“ (z. B.: Orange, Gelb, Violett)

Fischer, Fischer, welche Fahne weht heute?

ab 3 Jahren

Vorbereitung:

Sie benötigen Platz für dieses Spiel. Optimalerweise spielen Sie es im Freien oder in einer Turnhalle.

Spielanleitung:

1. Ein Kind ist der Fischer. Es steht auf der einen Seite hinter einer festgelegten Ziellinie. Die übrigen Kinder, die Fische, stehen auf der Seite gegenüber.
2. Die Fische rufen: „Fischer, Fischer, welche Fahne weht heute?"
3. Der Fischer ruft eine Farbe (z. B. Grün) zurück. Alle Fische mit einem Kleidungsstück in dieser Farbe dürfen entspannt die Seite wechseln. Die Fische ohne Kleidung in dieser Farbe, müssen sich vor dem Fischer in Acht nehmen. Denn der Fischer versucht, sie zu fangen, bevor sie die Ziellinie auf seiner Seite erreichen.
4. Die vom Fischer gefangenen Fische werden auch zu Fischern. Dann stellen sich die Kinder wieder auf. Die Fischer auf der einen Seite und die Fische auf der anderen. Die nächste Runde kann beginnen.
5. Das Spiel ist beendet, wenn es nur noch Fischer gibt.

Tipp: Das Spiel können Sie jederzeit mit den Kindern spielen, so kommt Bewegung ins Projekt.

ab 3 Jahren

Ich sehe eine Farbe, die du nicht siehst

Material:

farbige Dinge in der Kita, ggf. Kissen

Vorbereitung:

Legen Sie die Kissen zu einem gemütlichen Sitzkreis zurecht. Alternativ können Sie es sich mit den Kindern auch so auf dem Boden gemütlich machen.

Spielanleitung:

1. Erläutern Sie den Kindern Ihr Vorhaben, ein Farbenspiel zu spielen. Fragen Sie sie: „Kennt ihr das Spiel ‚Ich sehe was, was du nicht siehst'?" Wenn ein Kind das Spiel kennt, darf es den Verlauf erklären.
2. Ein Kind darf anfangen. Es schaut sich um und sucht sich etwas Farbiges aus (z. B. den grünen Teppich, das rote Feuerwehrauto oder den gelben Vorhang).
3. Wenn das Kind etwas gefunden hat, sagt es: „Ich sehe eine Farbe, die du nicht siehst".
4. Die Kinder raten nacheinander, welche Farbe das sein könnte.
5. Wer die Farbe errät, ist als Nächster an der Reihe.

Tipp: Die Kinder sollten sich, nachdem sie etwas Farbiges ausgewählt haben, noch weiter umschauen. So ist nicht ersichtlich, bei welcher Stelle beziehungsweise Farbe der Blick „hängengeblieben" ist.

Die Farbfamilie

ab 4 Jahren

Material:
farbiges Spielzeug, 6 Bögen weißer Foto- oder Tonkarton (DIN A3) oder ähnliche Unterlagen

Vorbereitung:
Suchen Sie gemeinsam mit den Kindern farbiges Spielzeug in der Kita, zum Beispiel Autos, Bauklötze oder Figuren. Breiten Sie die weißen Bögen auf dem Tisch aus.

Arbeitsanleitung:
Sortieren Sie gemeinsam das Spielzeug nach ihrer Farbe (Rot, Orange, Gelb, Grün, Blau, Violett) auf den ausgebreiteten Bögen, sodass jede Farbe auf einem Karton liegt.

Betrachten Sie die unterschiedlichen Farbtöne der einzelnen Farben.
Fangen Sie mit einer Farbe an, zum Beispiel mit Rot:

- „Sehen alle Rottöne gleich aus?“
- „Wie unterscheiden sich die einzelnen Rottöne?“
- „Woran erinnert dich dieser Rotton?“ Halten Sie dabei einen Gegenstand hoch, zum Beispiel könnte er kirschrot sein.

Die Kinder können im Anschluss Farbverläufe einer Farbe legen (z. B. von hell- nach dunkelrot). Sie bekommen auf diese Weise ein Gefühl für die jeweilige Farbe und ihre Tonabstufungen sowie für einen harmonischen Farbverlauf.

Hinweis:
Jede Farbe hat eine Farbfamilie. Rot hat unzählige Töne, die der roten Farbfamilie angehören. Jeder dieser Rottöne wirkt unterschiedlich. Ein helles Rot (z. B. frisch) wirkt anders als ein dunkles Rot (z. B. düster, geheimnisvoll).

Welche Gefühle kenne ich?

ab 4 Jahren

Material:

Bildkarten „Gefühle“ (s. Heftmitte), Schere, Handspiegel für jedes Kind, Kissen o. Ä., evtl. Digitalkamera

Vorbereitung:

Schneiden Sie die Bildkarten zu den Gefühlen aus der Heftmitte aus. Richten Sie eine gemütliche Ecke ein (z. B. mit Kissen). Diese sollte losgelöst vom restlichen Kitatrubel sein, sodass die Kinder in Ruhe an dem Thema arbeiten können. Legen Sie die Handspiegel bereit.

Arbeitsanleitung:

Sprechen Sie mit den Kindern über Gefühle:

- „Welche Gefühle kennst du (z. B. Wut, Angst, Freude, Trauer, Frust)?“
- „Warst du schon einmal so richtig traurig (wütend, fröhlich, frustriert ...)?“
- „Wie verändert sich dein Gesicht, wenn du wütend (traurig, fröhlich ...) bist?“

Zeigen Sie den Kindern die Bildkarten und sprechen Sie mit ihnen über die Mimik:

- „Wie sieht ein fröhliches und wie ein wütendes Gesicht aus?“
- „Sieht ein ängstliches Gesicht anders aus als ein trauriges?“

Lassen Sie die Kinder berichten, vergleichen und mit den Handspiegeln ausprobieren, wie sich ihre Mimik verändert, wenn sie traurig, fröhlich, wütend, frustriert ... schauen. Sprechen Sie mit ihnen, wie sich das jeweilige Gefühl anfühlt. Wenn man aufgeregt ist, spürt man zum Beispiel ein Kribbeln im Bauch. Wenn man wütend ist, spürt man ein Herzklopfen in der Brust.
Wer Lust hat, darf den passenden Gesichtsausdruck zu einem der Gefühle vorführen. Wer das nicht möchte, darf Zuschauer sein und vielleicht raten, welches Gefühl vorgeführt wird.

Hinweis:

Seien Sie einfühlsam mit den Kindern. Das Thema ist sehr heikel. Vielleicht kann ein Kind besser mit dem einen Gefühl umgehen und hat entsprechend Schwierigkeiten mit einem anderen Gefühl. Wenn ein Kind nicht sprechen will, sondern vielleicht nur vor dem Spiegel für sich probieren möchte, dann ist das in Ordnung.

Erweiterung:

Wenn die Kinder Lust haben, kann das Gesicht mit der jeweiligen Mimik fotografiert werden.

Wenn ich wütend bin, dann ...!

ab 3 Jahren

Material:
Gefühlsspiel (s. S. 11), ggf. Bildkarten „Gefühle“ (s. Heftmitte), evtl. Sitzkissen

Vorbereitung:
Suchen Sie einen Raum, der idealerweise durch eine Tür vom restlichen Gruppengeschehen abgetrennt werden kann (z. B. eine Turnhalle). Die Kinder sollen sich frei bewegen können. Lüften Sie den Raum gut durch (Stoßlüften).

Arbeitsanleitung:
Bei diesem Spiel können die Kinder dem jeweiligen Gefühl nachspüren:

- „Wie fühlt es sich an, wütend, traurig, fröhlich, beschämt, ängstlich, frustriert zu sein?“
- „Wie verändert sich meine Mimik, Gestik?“
- „Wie verändert sich meine Körperhaltung?“
- „Welche Geräusche / Töne gebe ich von mir?“

Finden Sie sich gemeinsam in dem Raum ein und bilden Sie einen Sitzkreis. Hierfür können Sie sich auf den Boden setzen.
Leiten Sie das Gespräch mit den Kindern in etwa so an: „Über die verschiedenen Gefühle haben wir ja bereits gesprochen. Jetzt wollen wir ausprobieren, wie unterschiedlich sich die Gefühle bei uns zeigen. Steht auf und rückt ein wenig auseinander, sodass jeder ausreichend Platz hat.“ Sie können ggf. auch noch einmal die Bildkarten einsetzen.
Nun kann das Spiel beginnen. Gehen Sie die Gefühle durch, während die Kinder die jeweils passende Bewegung und Mimik dazu machen. Passen Sie dabei gerne Ihre Stimme an das Gefühl an. Schreien sie zum Beispiel, wenn sie das Gefühl „Wut“ darstellen sollen.

Hinweis:
Lassen Sie die Kinder ergänzen, wenn sie weitere Ideen haben.
Sie können die Reihenfolge der Gefühle auch ändern und an das Gruppengeschehen anpassen. Vielleicht hat sich gerade irgendeine Situation abgespielt, bei der eines der Gefühle aufkam. Das fröhliche Gefühl sollte zum Abschluss nachempfunden werden, damit die Kinder positiv aus dem Spiel gehen.

Tipp: Sie können das Gefühlspiel immer wieder bei passenden Gelegenheiten einsetzen.

Gefühlsspiel

ab 3 Jahren

Text	Bewegungen
Wenn ich wütend bin, dann will ich ganz laut brüllen. Ich balle meine Hände zu Fäusten und brülle meine Wut heraus.	*Kinder ballen ihre Fäuste in Kopfhöhe, stoßen sie in die Luft und brüllen: „Grrrrrrrr …!“*
Wenn ich traurig bin, dann weine ich. Ich nehme meine Hände und wische die Tränen weg.	*Kinder machen leichte Fäuste, reiben sich die Augen oder wischen Tränen weg und schluchzen: „Schluchtzzzzz, schluchtzzz …“ oder „Uhuhuhu …“.*
Wenn ich mich schäme, dann will ich unsichtbar sein und niemanden mehr sehen. Ich nehme meine Hände vor mein Gesicht.	*Kinder pressen ihre Handinnenflächen vor das Gesicht und drehen sich weg oder ducken sich.*
Wenn ich Angst habe, dann zittere und bibbere ich. Ich nehme meine Hände an den Mund.	*Kinder zittern, bibbern, nehmen ihre leicht zu Fäusten geballten Hände an ihren Mund und stammeln „*
Wenn ich frustriert bin, dann stampfe ich mit dem Fuß auf den Boden und schreie.	*Kinder stampfen mit den Füßen auf dem Boden herum und schreien: „Uaaaahhhh …!*
Wenn ich fröhlich bin, dann möchte ich tanzen oder springen vor Glück. Ich lache und lache …	*Kinder tanzen oder springen und lachen: „Ha, ha, ha, ho, ho, ho, hi, hi, hi ….“*

Farben und Gefühle

ab 4 Jahren

Material:
Matten, Kissen, Decken, Text „Traumreise“ (s. S. 13 / 14), evtl. Klangschale oder Glöckchen o. Ä.

Vorbereitung:
Sie benötigen einen ungestörten und gemütlichen Ort. Richten Sie diesen mit den oben genannten Utensilien ein.
Wichtig: Lüften Sie den Raum gründlich (Stoßlüften).
Lesen Sie den Text zuvor ein- oder zweimal durch.

Arbeitsanleitung:
Finden Sie sich in dem vorbereiteten Raum zusammen. Die Kinder machen es sich gemütlich. Sie sollten sich auf jeden Fall zudecken, da die Körper auskühlen können.
Wenn ein Kind seine Augen nicht schließen möchte, dann ist das in Ordnung. Sprechen Sie mit dem Kind, es soll sich einen Punkt (z. B. an der Wand) suchen, den es während der Dauer der Fantasiereise fixiert. Auf diese Weise kommen die Augen und der Geist zur Ruhe.

Falls vorhanden, läuten Sie die Reise mit der Klangschale oder dem Glöckchen ein. Lesen Sie den Text. Sprechen Sie langsam, deutlich und ruhig. Machen Sie kurze Pausen zwischen den Absätzen. Läuten Sie die Traumreise mit der Klangschale oder dem Glöckchen aus.

Sprechen Sie im Anschluss über die Traumreise:

- „Wie hast du deine Traumreise empfunden?“
- „Konntest du dir alles vorstellen?“
- „Welches Gefühl hast du am stärksten gespürt?“
- „Welches Gefühl war schwächer?“
- „Konntest du dir die farbigen Wolken vorstellen?“
- „Warst du erleichtert, als die Wolke mit deinem Gefühl vorüberzog?“

Hinweis:
Die Abschnitte können auch einzeln gelesen werden. Hier können Sie Situationen aus dem Gruppengeschehen aufgreifen. Es ist in diesem Fall auch ausreichend, wenn die Kinder zum Beispiel in einem Kreis auf dem Boden sitzen und die Augen schließen.
Enden Sie dabei mit dem Abschnitt über Fröhlichkeit, damit die Kinder positiv aus der Reise gehen. Ziel ist nicht, die negativen Gefühle unbearbeitet „wegzudenken“. Ziel ist, dass die Kinder eine Technik an die Hand bekommen, um ihr Gefühl zu benennen, zu verpacken und an einen anderen Ort zu schicken. Das macht den Kopf frei und lässt lösungsorientierte Ansätze zu. Das fröhliche Gefühl soll hier in den Vordergrund geholt werden.

Traumreise (1)

ab 4 Jahren

Du liegst gemütlich auf deiner Matte. Deine Augen sind geschlossen. Du atmest ganz ruhig. Atme tief durch die Nase ein und wieder aus. Jetzt beginnt deine Reise … (Klangschale).

Stelle dir vor, du liegst auf einer saftig grünen Wiese.
Du blickst in den herrlich blauen Himmel.
Das gelbe Licht der Sonne glitzert am Himmel.
Weiße Wolken ziehen vorüber.
Du schaust ihnen dabei zu.

Plötzlich bleibt eine weiße Wolke über dir stehen.
Denke an das, was dich wütend macht.
Stecke all deine **Wut** in die weiße Wolke.
Fülle sie mit deiner ganzen Wut.
Die Wolke färbt sich dabei rot.
Sie wird immer dunkelroter. Vielleicht kommt sogar noch etwas Schwarz dazu.
All deine Wut ist nun in der Wolke.
Lasse die Wolke vorüberziehen, bis du sie nicht mehr siehst.
Deine Wut ist nun an einem anderen Ort.

Eine neue weiße Wolke schwebt über dir.
Denke an das, was dich traurig macht.
Stecke all deine **Traurigkeit** in die weiße Wolke.
Fülle sie mit deiner ganzen Traurigkeit.
Die Wolke färbt sich dabei violett.
Sie wird immer dunkelvioletter. Vielleicht kommt noch etwas Dunkelblau dazu.
All deine Traurigkeit ist nun in der Wolke.
Lasse die Wolke vorüberziehen, bis du sie nicht mehr siehst.
Deine Traurigkeit ist nun an einem anderen Ort.

Eine neue weiße Wolke schwebt über dir.
Denke an das, was dich ängstlich macht.
Stecke all deine **Angst** in die weiße Wolke.
Fülle sie mit deiner ganzen Angst.
Die Wolke färbt sich dabei grau.
Sie wird immer dunkler, bis sie ganz dunkelschwarz ist.
All deine Angst ist nun in der Wolke.
Lasse die Wolke vorüberziehen, bis du sie nicht mehr siehst.
Deine Angst ist nun an einem anderen Ort.

Traumreise (2)

ab 4 Jahren

Eine neue weiße Wolke schwebt über dir.
Denke an das, für was du dich schämst.
Stecke all deine **Scham** in die weiße Wolke.
Fülle sie mit deiner ganzen Scham.
Die Wolke färbt sich dabei hellrot.
Sie wird immer heller, bis sie ganz grellrot ist. Vielleicht kommt noch etwas Rosa dazu.
All deine Scham ist nun in der Wolke.
Lasse die Wolke vorüberziehen, bis du sie nicht mehr siehst.
Deine Scham ist nun an einem anderen Ort.

Eine neue weiße Wolke schwebt über dir.
Denk an das, was dich frustriert.
Stecke all deinen **Frust** in die weiße Wolke.
Fülle sie mit deinem ganzen Frust.
Die Wolke färbt sich dabei schwarz und braun.
Sie wird immer dunkler. Vielleicht kommt noch etwas Rot dazu.
All dein Frust ist nun in der Wolke.
Lasse die Wolke vorüberziehen, bis du sie nicht mehr siehst.
Dein Frust ist nun an einem anderen Ort.

Eine neue weiße Wolke schwebt über dir.
Denke an das, was dich fröhlich macht.
Stecke all deine **Fröhlichkeit** in die weiße Wolke.
Fülle sie mit deiner ganzen Fröhlichkeit.
Die Wolke färbt sich orange.
Sie wird immer leuchtender orange. Vielleicht kommen noch etwas Gelb und Rot dazu.
All deine Fröhlichkeit ist nun in der Wolke.
Die Wolke fängt an zu wackeln, immer heftiger –
bis die Wolke platzt und all die Fröhlichkeit auf dich herunterregnet.
Um dich herum sprießen bunte Blumen aus dem Gras, die herrlich duften.
Du liegst auf deiner saftig grünen Wiese und blickst in den herrlich blauen Himmel.
Die Sonne scheint. Es ist wohlig warm.

Deine Reise ist nun zu Ende (Klangschale).
Recke und strecke dich. Wenn du soweit bist,
öffne langsam deine Augen.

Spürst du die Fröhlichkeit in dir?

Farben und Mimik

ab 4 Jahren

Material:
Infoblatt „Farbstimmungen“ (s. S. 16), Bildkarten „Gefühle“ (s. Heftmitte), Schere, Fotokarton (DIN A2, weiß), Kleber, Heftzwecken oder Klebestreifen

Vorbereitung:
Schneiden Sie die Bildkarten aus der Heftmitte aus und legen Sie die Materialien bereit.

Arbeitsanleitung:
Die Kinder haben sich bereits mit verschiedenen Gefühlen auseinandergesetzt.
Die sechs Farbkarten werden ausgelegt. Legen Sie eine der Bildkarten (z. B. Wut) in die Mitte. Sprechen Sie erneut über das Gefühl, um es den Kindern ins Gedächtnis zu holen.

- „Wie fühlt sich Wut an?“ – zum Beispiel bebend, zitternd, ohnmächtig, drückend, explodierend …
- „Könnte Gelb eine „wütende“ Farbe sein? “
- „Oder vielleicht Blau?“
- „Wie steht es mit Rot?“

Tasten Sie sich nach und nach an die Farben und die dazugehörige Emotion heran (s. Infoblatt S. 16). Die Kinder werden auf diese Weise ein Gefühl für die jeweilige Farbe und das dazugehörige Gefühl bekommen.
Gehen Sie mit den weiteren Gefühlen und Farben auf gleiche Weise vor, bis Sie alle Farben zugeordnet haben. Lassen Sie bei der Zuordnung der Farben individuelle Unterschiede bei den Kindern zu.

Zuletzt werden die Kartenpaare auf den Fotokarton geklebt und auf Kinderaugenhöhe aufgehängt.

Tipp: Richten Sie eine Farben-Stimmungsecke ein, sodass sich die Kinder dort nach Bedarf zurückziehen können.

Erweiterung:
Als Ergänzung zu diesem Angebot können die Kinder die Arbeitsblätter „Welche Farben passen zu welchem Gefühl?“ (s. S. 21) und „Farbkombinationen“ (s. S. 24) bearbeiten und so die Thematik vertiefen.

Infoblatt „Farbstimmungen“

ab 4 Jahren

Um ein „Gefühl“ für die einzelnen Farben und ihre Wirkung zu bekommen, finden Sie hier Anregungen und Assoziationen. Es ist in der Regel so, dass nicht nur eine Farbe für ein Gefühl steht. Es ist die Farbkombination. Schwarz zum Beispiel verleiht einer Farbe etwas Negatives. Ein quirliger Gelbton wird in Kombination mit Schwarz keine positive Stimmung vermitteln, sondern wird Gefahr symbolisieren (Giftzeichen). Rot ist ein Symbol für Liebe, wirkt aber in Kombination mit Schwarz aggressiv. Bei diesem Projekt geht es darum, Kindern ein Gefühl für Farben und ihre Wirkung zu vermitteln, sodass sie dies als Ausdrucksmöglichkeit nutzen können. Sprechen Sie mit den Kindern darüber. Sie können weitere Farben und Assoziationen im Laufe des Projektes ergänzen. Dabei sollten Sie auch die individuelle Wahrnehmung der Kinder berücksichtigen und festhalten. Gehen Sie einfach einmal in sich selbst und betrachten Sie verschiedene Farben. Wie wirken sie auf Sie? Wie wirken sie in Kombination mit einer anderen Farbe?

Fröhlichkeit

Gelb: heiter, leuchtend, sommerlich
Orange: vitalisierend, erfrischend, aufmunternd, aufheiternd, fröhlich
Rosa: süßlich, leicht, verspielt
Pink: verspielt, stark, vitalisierend, grell
Grün: beruhigend, natürlich, saftig, frisch, Anfang, hoffnungsvoll
Violett (hell): sinnlich
Blau (Cyan): zuversichtlich, luftig, gelassen

Scham

Rot: heiß, brennend

Wut

Rot: stark, dominant, laut, brennend, warm und heiß
Schwarz: düster, negativ

Frust

Schwarz: düster, negativ, schwer
Braun: breiig, schmutzig
Rot: aggressiv

Trauer

Dunkelviolett: melancholisch, gedeckt, passiv
Dunkelblau: trüb, tief, drückend
Schwarz: schwer, düster, einsam
Grau: trüb, einsam, traurig

Angst

Schwarz: schwer, düster
Dunkelblau: trüb, drückend
Grau: zurückgezogen

Rückseite Bildkarten (1)

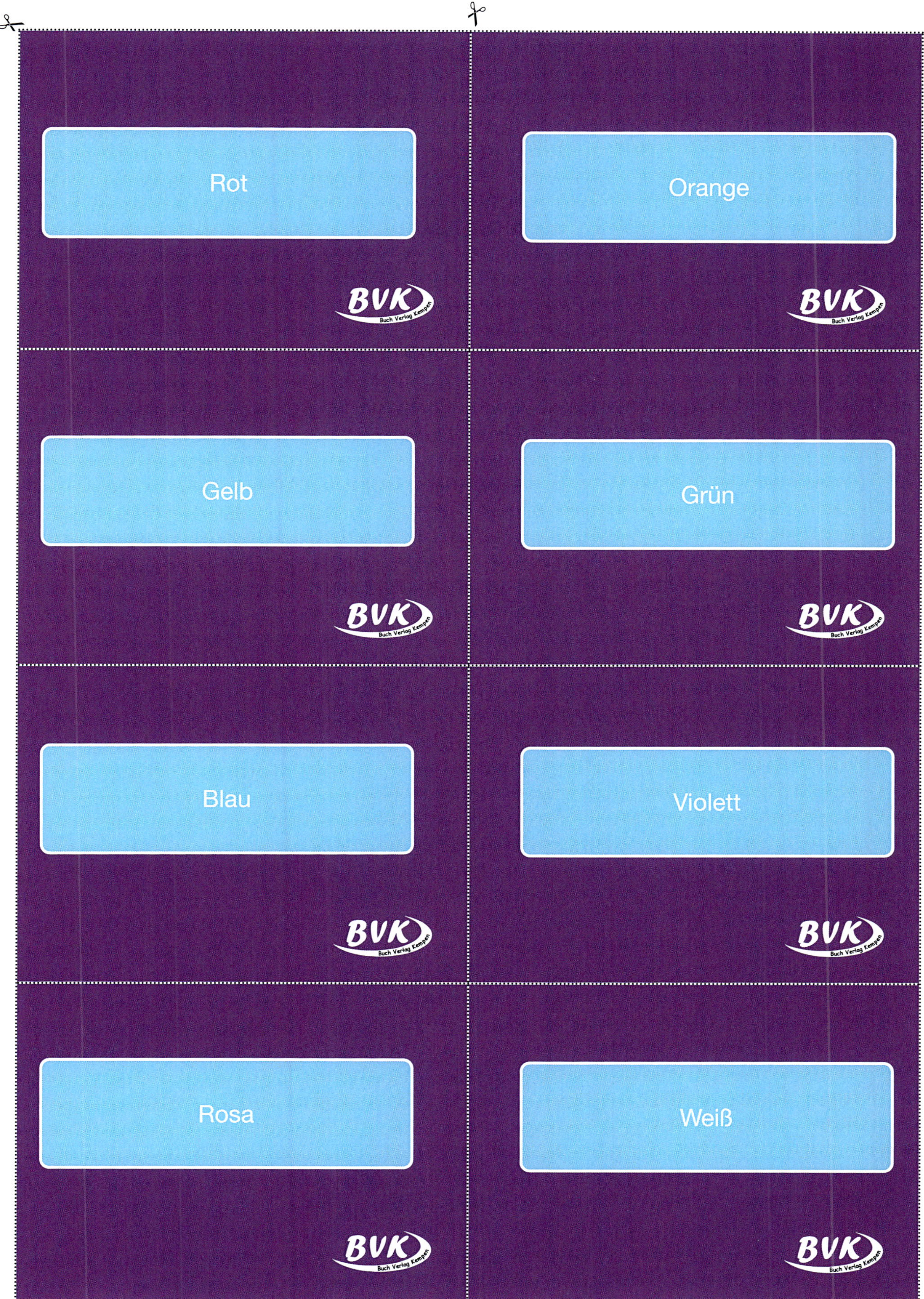

Bildkarten (1)

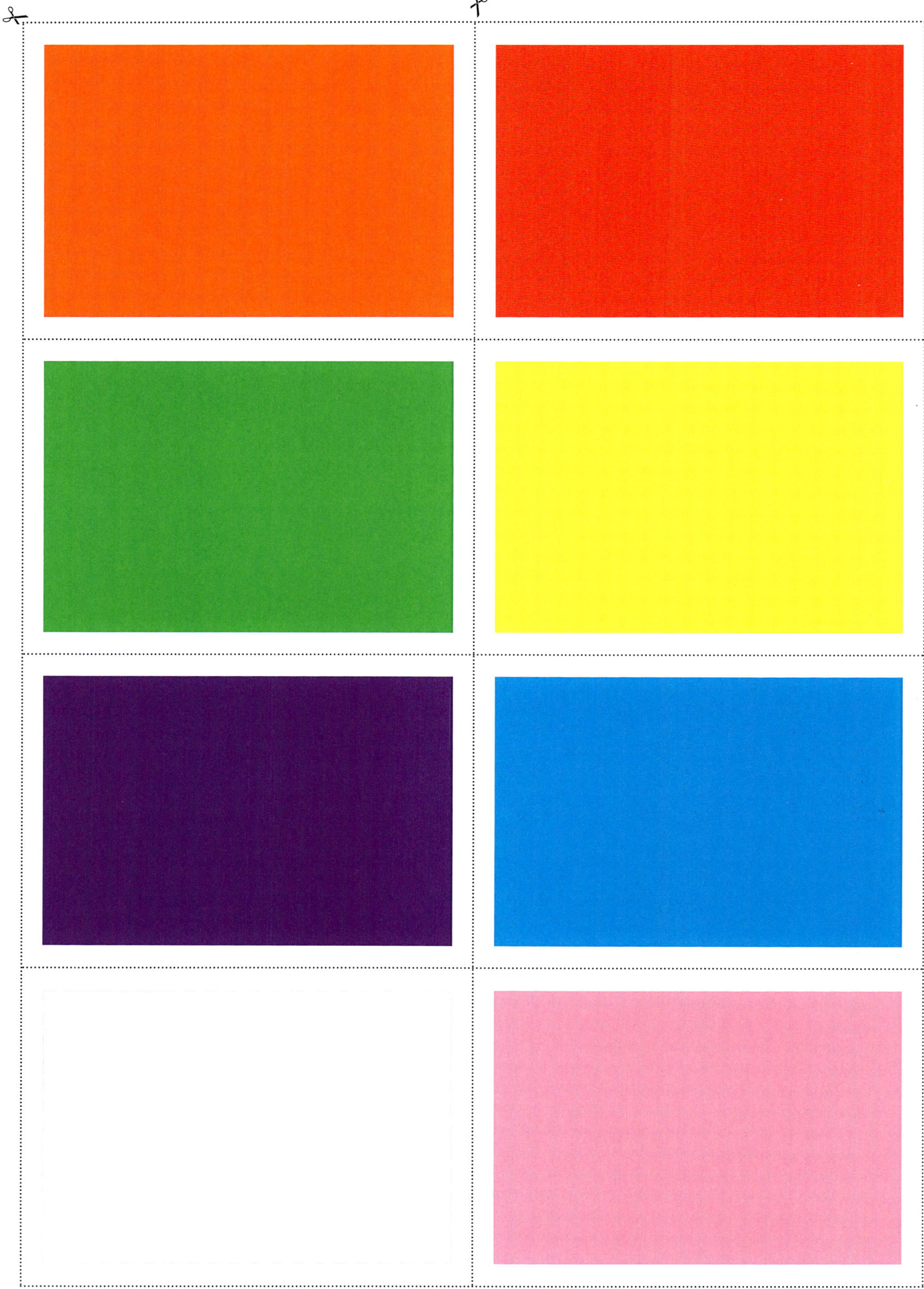

Bildkarten (2)

Rückseite Bildkarten (2)

Grau	Schwarz
wütend	traurig
beschämt	frustriert
ängstlich	fröhlich

BVK Buch Verlag Kempen

Welche Farben passen zu welchem Gefühl?

ab 4 Jahren

Male die Farbkleckse passend zum Gefühl aus.

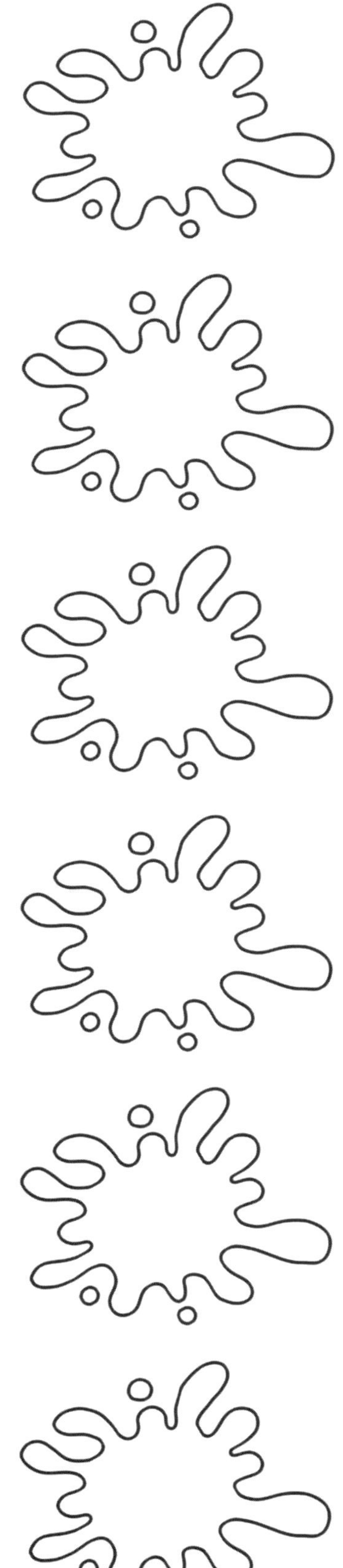

Die Farben-Gefühls-Uhr

ab 4 Jahren

Material:
Bildkarten „Farben“ (s. Heftmitte), Kopiervorlage „Farben-Gefühls-Uhr“ (s. S. 23), Foto- oder Tonkarton (DIN A4 oder DIN A3), Wachsmalstifte, Scheren, Kleber, Musterklammern (1 pro Uhr)

Vorbereitung:
Kopieren Sie die Kopiervorlage „Farben-Gefühls-Uhr“ in der gewünschten Größe.
Legen Sie die Materialien auf Tischen bereit.

Arbeitsanleitung:
Sprechen Sie nochmals über Gefühle und ihre passenden Farben, sodass die Kinder den Einstieg in das Thema wieder abrufen können.
Die Kinder dürfen nun die Dreiecke auf der Farben-Gefühls-Uhr in den entsprechenden Farben bemalen und den passenden Gesichtsausdruck in das leere Gesicht malen. Die Uhr wird ausgeschnitten und auf den Foto- oder Tonkarton geklebt. Schneiden Sie auch den Zeiger aus und befestigen Sie ihn mit der Musterklammer mittig auf der Uhr. Am besten bohren Sie dazu mit einem spitzen Hilfsmittel die Löcher vor. Der Zeiger lässt sich nun drehen.

Wie ist die momentane Stimmung unter den Kindern? Welches Gefühl herrscht vor?
Sprechen Sie miteinander und stellen Sie die Uhr auf das entsprechende Gefühl ein.

Hängen Sie im Anschluss die Uhr gut sichtbar auf. Nutzen Sie sie zum Beispiel, wenn Sie wieder an einem Projekt zum Thema „Farben und Gefühle“ arbeiten oder als Einstieg in den Tag beziehungsweise zum Tagesausklang.

Variante:
Jedes Kind kann seine eigene kleine Stimmungs-Uhr basteln. Kopieren Sie die Farben-Gefühls-Uhr mit dem Zeiger einfach in ausreichender Anzahl. Bedenken Sie, dass jedes Kind nun eine Musterklammer benötigt und mehrere Scheren und Klebetuben gebraucht werden.
Natürlich können Sie auch beide Varianten basteln, eine große für die Gruppe und eine eigene kleine für jedes Kind.

Kopiervorlage „Farben-Gefühls-Uhr"

ab 4 Jahren

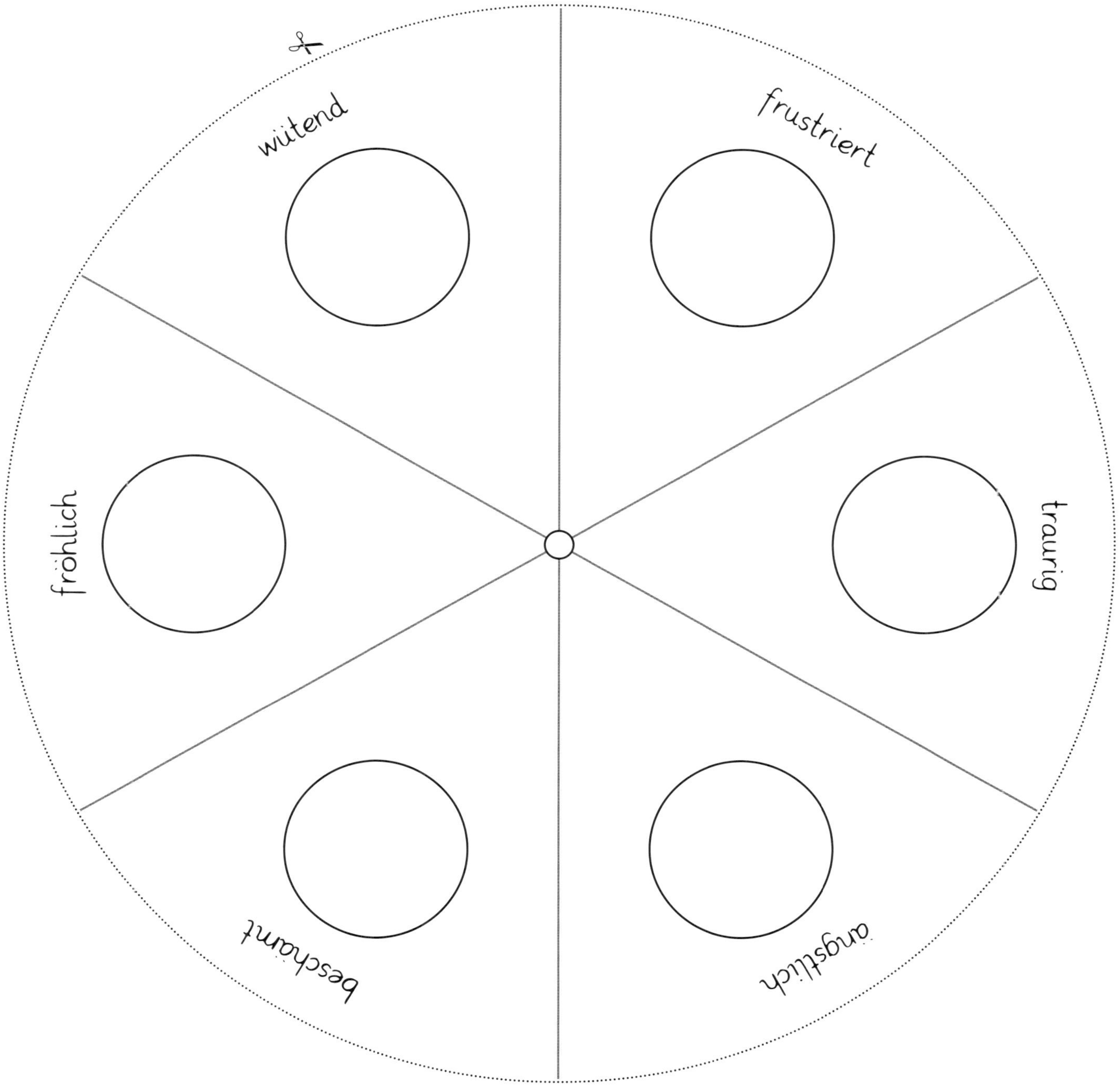

wütend

frustriert

fröhlich

traurig

beschämt

ängstlich

Farbkombinationen

ab 5 Jahren

Male in die Kästchen jeweils Farbkombinationen, die fröhlich, wütend, ängstlich, beschämt, frustriert oder traurig wirken.

Ich bin wütend und sehe rot!

ab 3 Jahren

Material:

Wasserbomben, rote und schwarze Fingerfarbe (nach Möglichkeit verschiedene Rottöne oder andere Farben zum Mischen), Leinwände (oder anderer Malgrund wie Tapete), 1 Trichter, Wachsdecke, Kittel, Karton

Vorbereitung:

Decken Sie die Tische mit der Wachsdecke ab und legen Sie Wasserbomben sowie d e rote(n) Farbe(n) bereit. Suchen Sie sich einen Ort im Freien, an dem Sie die Wasserbomben später werfen können.

Arbeitsanleitung:

1. Besprechen Sie mit den Kindern, wie sich Wut anfühlt:
   - „Warst du schon einmal so richtig wütend?"
   - „Was macht dich wütend?"
   - „Wie fühlt sich Wut an?"
   - „Was machst du, wenn du richtig wütend bist?"
2. Ordnen Sie gemeinsam dem Gefühl „Wut" die entsprechenden Farben (Rot und Schwarz) zu.
3. Befüllen Sie dann mit den Kindern die Wasserbomben mit roter und schwarzer Farbe. Verwenden Sie hierzu den Trichter.
4. Sie können der roten Farbe auch andere Farben beimischen, zum Beispiel Blau, um unterschiedliche Rottöne zu erhalten – aber der Hauptton sollte rot bleiben. Wenn Sie zu den roten Farbbomben auch Farbbomben mit schwarzer Farbe hinzunehmen, wird die Wirkung des Bildes noch einmal stärker ausfallen. Denn Farben in Kombination mit Schwarz bekommen eine negative Wirkung. Selbst eine positive Farbe, wie zum Beispiel ein beruhigender Grünton, kann neben Schwarz negativ wirken.
5. Knoten Sie die gefüllten Wasserbomben sorgfältig zu und legen Sie sie in einen Karton.
6. Begeben Sie sich gemeinsam an den ausgesuchten Ort und stellen Sie die Leinwände auf.
7. Die Kinder können in Zweierteams, oder auch allein, eine Leinwand mit den Bomben bewerfen. Vielleicht fällt ihnen ja ein Begriff oder ein Satz ein, den sie gerne herausbrüllen wollen, während sie die Bombe auf die Leinwand werfen. Wichtig ist, dass die Kinder ihre Wut einmal so richtig herauslassen können.

Tipp:

Eine Wasserbombenschlacht kann an heißen Tagen für viel Spaß sorgen und ab und an Wut entladen. Die Wasserbombenreste sollten aufgesammelt und im Müll entsorgt werden.

Ich habe Angst! – Sorgenpüppchen

ab 3 Jahren

Material:
1 Pfeifenputzer (pro Püppchen), Wolle (verschiedene Farben zur Auswahl), 1 Holzperle mit Loch (pro Püppchen), ggf. etwas Flüssigkleber, Scheren

Vorbereitung:
Decken Sie die Tische mit den benötigten Materialien ein.

Arbeitsanleitung:

1. Sprechen Sie gemeinsam über das Gefühl „Angst":
   - „In welchen Situationen hast du Angst?"
   - „Wie fühlt sich Angst an?"
   - „Wo fühlst du die Angst?"
   - „Was machst du, wenn du Angst hast?"
   - „Sprichst du mit jemandem, wenn du Angst hast?"
   - „Hilft es dir, wenn du über deine Angst sprichst?"
2. Jedes Kind bekommt zunächst einen Pfeifenputzer und eine Perle.
3. Ein ca. 6 cm langes Stück wird vom Pfeifenputzer abgeschnitten und beiseitegelegt.
4. Das längere Stück vom Pfeifenputzer wird durch das Loch der Perle gezogen, sodass diese mittig aufliegt. Die beiden Seiten links und rechts der Perle werden nach unten geklappt. So wird die Perle zum Kopf.
5. Um den Hals zu formen, werden die beiden Hälften der Pfeifenputzer unterhalb der Perle ein Stück verdreht. Das beiseitegelegte kleine Stück Pfeifenputzer wird direkt unterhalb des Halses um die Hälften des langen Stücks gedreht, sodass etwa gleichlange Arme entstehen. Die beiden unteren Pfeifenputzerenden werden abgeknickt und bilden die Füße.
6. Zuletzt wird Wolle um den Körper gewickelt und das Ende mit etwas Kleber befestigt.

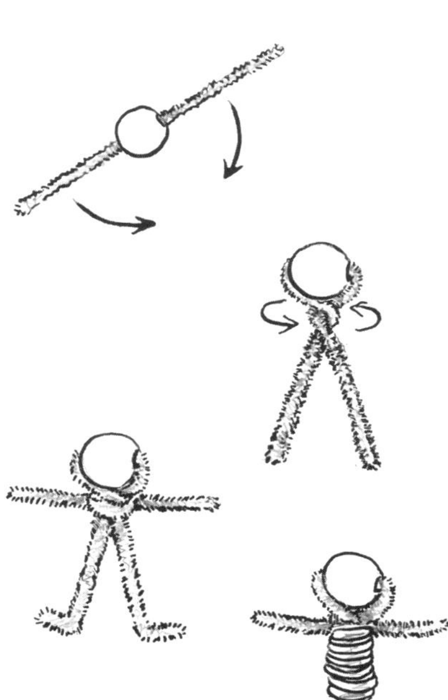

Die Kinder können dem fertigen Püppchen ihre Ängste und Sorgen anvertrauen.

Hinweis:
Seien Sie bei dem Thema „Angst" besonders einfühlsam. Das Sorgenpüppchen kann keinen Gesprächspartner ersetzen. Es kann aber hilfreich sein, wenn das Kind nicht ein- oder durchschlafen kann. Das Kind kann seine Sorgen und Ängste dem Püppchen anvertrauen. Diese zu formulieren beziehungsweise auszusprechen, ist ein erster wichtiger Schritt.

Wie werde ich meinen Frust los? – Knautschbälle

ab 4 Jahren

Material:
2 rote Luftballons (pro Ball), Mehl, Reis, 1 Trichter, 1 Plastikflasche, Scheren, wasserfeste Filzstifte

Vorbereitung:
Decken Sie die Tische mit den benötigten Materialien ein.

Arbeitsanleitung:

1. Sprechen Sie mit den Kindern über das Gefühl „Frust“:
   - „Was ist Frust für ein Gefühl?“
   - „Warst du schon einmal so richtig gefrustet?“
   - „Wie fühlt sich Frust an?“
   - „Was würdest du am liebsten tun, wenn du gefrustet bist?“

2. Füllen Sie Mehl und etwas Reis mit Hilfe des Trichters in die Plastikflasche.

3. Pusten Sie einen der beiden Luftballons auf und stülpen Sie das Endstück über die Öffnung der Flasche.

4. Drehen Sie die Flasche mit dem Luftballon um, sodass das Mehl-Reis-Gemisch in den Luftballon rieseln kann.

5. Entfernen Sie die Flasche und lassen Sie die Luft aus dem Luftballon entweichen.

6. Verknoten Sie die Öffnung des Luftballons direkt an der Füllung, sodass kein Zwischenraum mehr vorhanden ist.

7. Schneiden Sie bei dem zweiten Luftballon das Mundstück ab und stülpen Sie diesen über den Knoten, sodass der Knautschball fast vollständig verhüllt ist.

8. Mit dem Filzstift können die Kinder ein frustriertes Gesicht auf den Ball zeichnen.

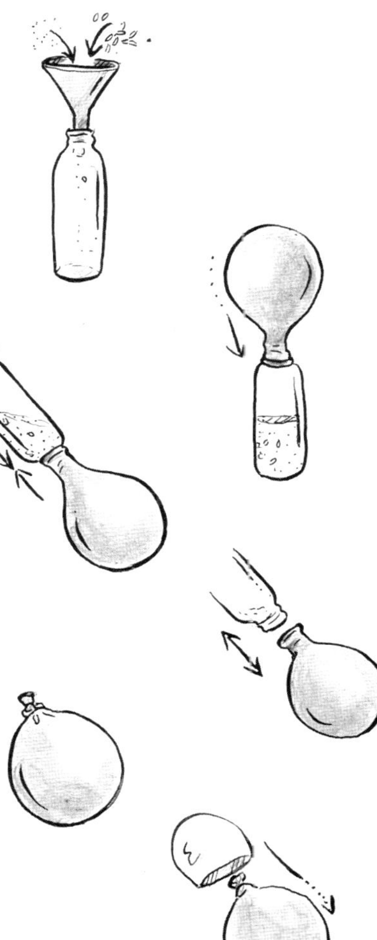

Die Kinder dürfen Ihnen je nach Alter und Können bei der Herstellung der Bälle helfen.

Wenn die Kinder frustriert sind, können sie nun den Ball kneten oder auf den Boden werfen und so ihren Frust entladen.

Hilfe ich schäme mich! – Die Schambox

ab 4 Jahren

Material:
1 große Streichholzschachtel pro Kind, Papier, farbige Stifte (z. B. in den Farben Rot oder Rosa), Dekomaterial (z. B. Federn, Perlen), Scheren, Kleber, Wachstischdecken

Vorbereitung:
Decken Sie die Tische mit den Wachstischdecken ab und legen Sie die benötigten Materialien bereit.

Arbeitsanleitung:
Sprechen Sie gemeinsam über das Gefühl „Scham“:

- „Hast du dich schon einmal für etwas geschämt?“
- „War das schlimm für dich?“
- „Warum war das schlimm für dich?“
- „War das für andere auch schlimm?“
- „Wie fühlt sich Scham an?“

Anschließend können die Kinder ihre Schachteln mit bemalten Papier und Dekomaterial gestalten. Darin können sie das Gefühl „Scham“ verstauen, bis sie sich besser fühlen und vielleicht über das Gefühl sprechen möchten.
Die Box ist eine Möglichkeit, ihre Scham symbolisch „auszulagern“. Dabei können die Kinder auch Zettel in die Schachtel legen, auf denen aufgeschrieben oder aufgemalt ist, wofür sie sich schämen.
Das Gefühl soll nicht verdrängt, sondern lediglich für einen gewissen Zeitraum abgelegt werden. In dem Moment, wo das Kind sich in einer beschämenden Situation befindet, wird es wohl kaum darüber reden wollen und können. Ist die Scham vorüber, kann es über die Situation sprechen und dem Gefühl auf den Grund gehen.

Hinweis:
Im Gegensatz zu den anderen Gefühlen ist Scham nicht angeboren, sondern wird ca. ab dem 2. Lebensjahr vom Kind selbst entwickelt. Scham hat etwas mit den gesellschaftlichen Anforderungen, aber auch mit den Anforderungen unseres Umfeldes zu tun. Wenn ein Kind zum Beispiel ständig zu hören bekommt, es mache alles falsch, dann wird es auch das Gefühl bekommen es sei alles falsch, was es tut, und schämt sich dafür. Gerade Kinder, die ja sehr auf uns Erwachsene angewiesen sind, schämen sich mehr, als wir es tun.

Neben der Box kann eine Maske (s. S. 29) auch ein Mittel sein, um aus einer anderen, geschützten Perspektive über das Gefühl Scham zu sprechen.
Genauso können Sie auch eine Schachtel für die Gefühle „Angst“ und „Traurigkeit“ mit entsprechend anderen Farbkombinationen basteln.

Ich bin traurig

ab 4 Jahren

Material:

1 Pappteller (pro Kind), Scheren, Bleistifte, Wasserfarben, Pinsel, Behälter mit Wasser, ggf. Verzierungsmaterialien (z. B. Bänder, Wolle), Wachstischdecke, Kittel, Spiegel

Vorbereitung:

Decken Sie die Tische mit der Wachstischdecke ab und mit den entsprechenden Materialien ein.

Arbeitsanleitung:

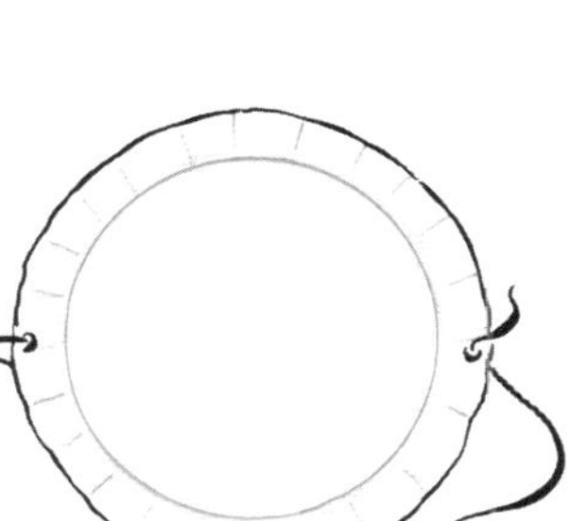

1. Sprechen Sie gemeinsam über das Gefühl „Traurigkeit“:
   - „In welchen Situationen bist du traurig?“
   - „Wie fühlt es sich an, traurig zu sein?“
   - „Was machst du, wenn du traurig bist?“
   - „Wer tröstet dich, wenn du traurig bist?“
2. Anschließend können sich die Kinder eine Maske basteln.
3. Dazu überlegen sie, wie ein trauriges Gesicht aussieht. Die Kinder können vor dem Spiegel pantomimisch üben. Damit sie mit der Maske auf auch sehen können, halten Sie den Pappteller vor ihr Gesicht, während Sie oder ein anderes Kind die Augen markieren.
4. Diese werden mit dem Bleistift angezeichnet und mit der Schere ausgeschnitten. Hier werden die Kinder vermutlich Hilfe brauchen.
5. Dann zeichnen sie die entsprechende Mimik auf den Pappteller. Sprechen Sie gemeinsam über Farben, die symbolisch für Trauer stehen. Die Kinder können es dann mit den Wasserfarben in den entsprechenden Farben bemalen.
6. Die Maske wird zum Trocknen beiseitegelegt und kann ggf. im Anschluss mit den Verzierungsmaterialien weiter gestaltet werden – zum Beispiel können die Kinder mit Wolle Haare ankleben.

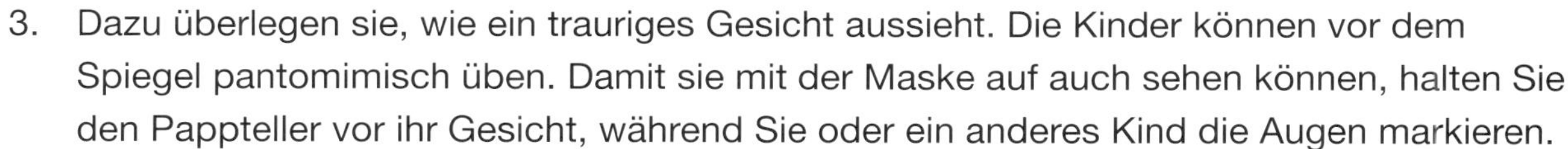

Eine Maske hilft dabei, sich in eine andere Rolle zu versetzen. Gefühle können auf diese Weise vielleicht leichter kommuniziert werden. Die Kinder können mit den Masken spielen. Es ist sinnvoll, sie in einem selbst inszenierten Rollenspiel bzw. Freispiel spielen zu lassen, damit sie sich ungestört entfalten können.

Sätze, die zum spielerischen Gespräch anregen können:

- „Wie geht es dir?“
- „Warum bist du traurig?“
- „Kann ich dir helfen, dass es dir besser geht?“

Fröhliche Steine – Handschmeichler

ab 3 Jahren

Material:
Steine, Pinsel, Wasser- oder Fingerfarben, Behälter mit Wasser, wasserfeste Unterlage, ggf. Kittel, ggf. feste Holzplatte und Heißklebepistole, evtl. Klarlack (bio)

Vorbereitung:
Besorgen Sie verschieden große Steine (sie sollten in die Hände der Kinder passen) und decken Sie den Tisch mit der Unterlage ab. Legen Sie die Materialien bereit.

Arbeitsanleitung:
Fröhlich sein ist schön. Der in bunten Farben bemalte Stein soll die Kinder an das Fröhlichsein erinnern. Finden Sie sich am Tisch zusammen. Die Kinder suchen sich einen Stein aus. Dieser sollte angenehm in der Hand liegen. Hierfür können sie die verschiedenen Steine testen. Die Kinder können auch die Augen schließen und den Stein einige Minuten in der Hand halten. Regen Sie dazu ein Gespräch an:

- „Wie fühlt sich der Stein an?"
- „Woran denkst du dabei?"
- „Ist der Stein warm oder kalt?"
- „Verändert sich die Temperatur, wenn du ihn länger in der Hand hältst?"

Haben sich die Kinder einen Stein ausgesucht, können sie diesen in ihren Lieblingsfarben bemalen. Fragen Sie sie:

- „Welche Farben stimmen dich fröhlich?"
- „Warum stimmen dich gerade diese Farben fröhlich?"

Nach dem Anmalen werden die Steine zum Trocknen beiseitegelegt.

Die Kinder können den Stein immer in die Hand nehmen, wenn ihnen danach ist. Mit seinen fröhlichen Farben erinnert er sie daran, dass sie auch ein fröhliches Gefühl in sich tragen. Der Stein kann auch genutzt werden, wenn ein Kind sich traurig fühlt. Er kann trösten und das Gefühl vermitteln: „Bald kann es dir schon wieder besser gehen."

Variante:
Die Kinder können mit bemalten Steinen auch gemeinsam ein fröhliches Mandala legen. Besprechen Sie vorher, wie es aussehen soll, welche Farben benutzt werden und ob der Farbverlauf harmonisch oder kunterbunt sein soll. Das fertige Mandala kann zum Beispiel mit Heißkleber auf ein festes Brett geklebt und im Gruppenraum aufgestellt oder aufgehangen werden.

Tipp:
Die Steine können zusätzlich mit Klarlack lackiert werden. Auf diese Weise halten die Farben besser.

Auch ein Regenbogen macht fröhlich!

ab 3 Jahren

Material:
Kopiervorlage „Wolke" (s. u.), Krepppapier (Rot, Orange, Gelb, Grün, Blau, Violett), Watte, Scheren, Kleber, Schnur, Locher, weißer Ton- oder Fotokarton, Bleistift

Vorbereitung:
Kopieren Sie die Kopiervorlage „Wolke" (s. u.) und schneiden Sie den Wolkenumriss aus. Übertragen Sie diesen (pro Kind 1 mal) auf den Karton und schneiden Sie ihn auseinander, sodass jedes Kind eine Wolke zum Ausschneiden erhält. Schneiden Sie das Krepppapier in ca. 2 cm breite und 15 cm lange Streifen und legen Sie die Materialien bereit.

Arbeitsanleitung:
Versammeln Sie sich mit den Kindern um den Arbeitstisch und leiten Sie das Thema ein:

- „Habt ihr schon einmal einen Regenbogen gesehen?"
- „Welche Farben hat ein Regenbogen?"
- „Wie ist die Reihenfolge der Farben?"

Jedes Kind bekommt seine Krepppapierstreifen und legt damit die farblich richtige Reihenfolge des Regenbogens.
Nun erhält jedes Kind einen Wolkenumriss und schneidet ihn mit der Schere aus.
Anschließend kleben die Kinder auf der Rückseite ihrer Wolke die Streifen Krepppapier auf.
Achtung: Mit dem violetten Streifen wird angefangen. Es folgen der blaue, der grüne, der gelbe, der orangefarbene und der rote Streifen. Die Streifen werden also spiegelverkehrt aufgeklebt.
Die Wolke wird wieder umgedreht und mit Watte beklebt. Oben auf der Wolke werden mit dem Locher zwei Löcher gestanzt und die Schnur zum Aufhängen angebracht. Entweder machen Sie dies im Nachhinein oder gemeinsam mit den Kindern. In jedem Fall sollte der Kleber getrocknet sein.
Fertig ist die fröhliche Regenbogen-Wolke!

Kopiervorlage „Wolke"

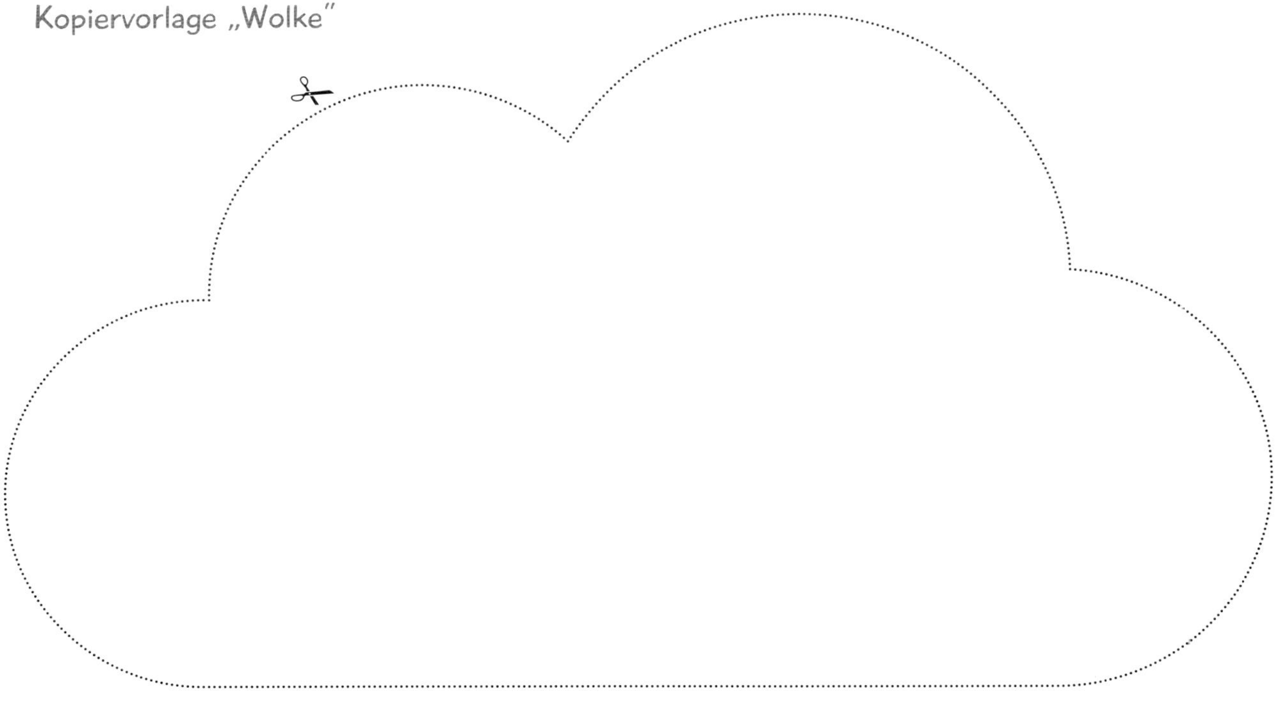

Meine Lieblingsfarbe

ab 4 Jahren

Material:

1 Skizzenbuch pro Kind (z. B. ein leeres Heft ohne Linien), Stifte, ggf. fester Ton- oder Fotokarton, ggf. Scheren, ggf. Kleber

Arbeitsanleitung:

Diese Einheit wird den Kindern gefallen. Setzen Sie sich gemeinsam an den Tisch. Jedes Kind bekommt ein Skizzenbuch, dass ausschließlich für das Projekt gedacht ist. Die Kinder können hier ihre Gedanken, Farben o. Ä. hineinzeichnen. Beginnen können sie mit ihren Lieblingsfarben. Hierfür probieren sie verschiedene Farben bzw. Farbkombinationen aus, indem sie sich Felder in das Heft zeichnen und mit den entsprechenden Farben ausmalen.
Sprechen Sie im Anschluss über die Lieblingsfarben der Kinder:

- „Warum hast du diese Farbe gewählt?“
- „Woran denkst du, wenn du deine Lieblingsfarbe siehst?“

Die Kinder könnten ihren Satz zum Beispiel mit „Orange ist meine Lieblingsfarbe, weil … (sie mich fröhlich macht).“ beginnen.

Um das Heft weiter zu füllen, können die Kopiervorlagen „Kleidung“ (s. u.) und „Obst und Gemüse“ (s. S.33) genutzt werden. Die Vorlagen können Sie als Schablonen für die Kinder anfertigen oder sie werden kopiert, ggf. ausgeschnitten und in das Skizzenbuch geklebt.
Zum Anfertigen der Schablonen drucken Sie die Vorlagen einfach aus, kleben sie auf festen Karton und schneiden sie aus. Die Vorlagen können die Kinder nun beliebig oft in ihr Buch nachzeichnen und ausmalen. Auch das Mandala (s. S. 33) kann erneut kopiert und zum Beispiel passend zu einem Gefühl angemalt und eingeklebt werden.
Außerdem bietet es sich an, dass Sie oder die Kinder Zeitschriften und Werbeprospekte sammeln. Aus diesen können die Kinder Bilder ausschneiden und zum Beispiel nach Farben oder Farbverläufen sortiert in ihr Skizzenbuch kleben. So entstehen tolle Collagen zu den Farben und ihren Farbfamilien.

Tipp: Nutzen Sie die Hefte, wenn sich ein Leerlauf ergibt. Die Kinder, die gerade nichts zu tun haben, können dann an ihrem Heft arbeiten.

Kopiervorlage „Kleidung“

Kopiervorlage „Obst und Gemüse"

ab 4 Jahren

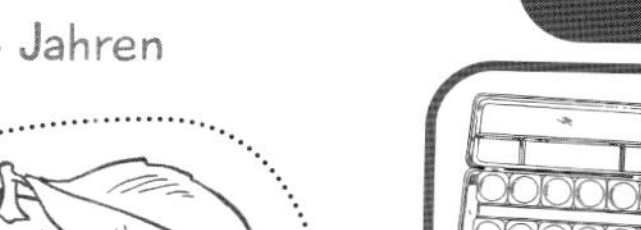

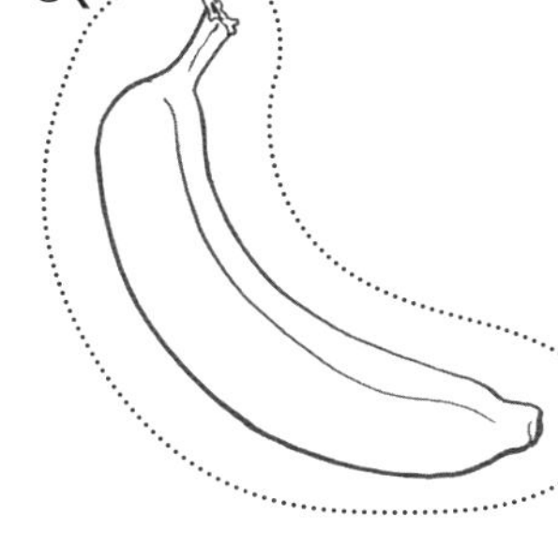

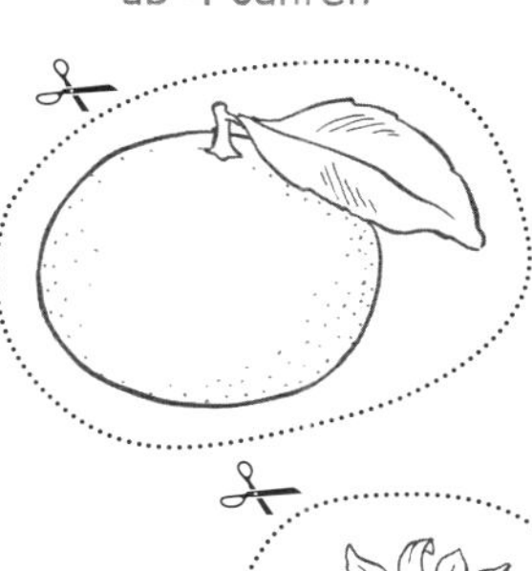

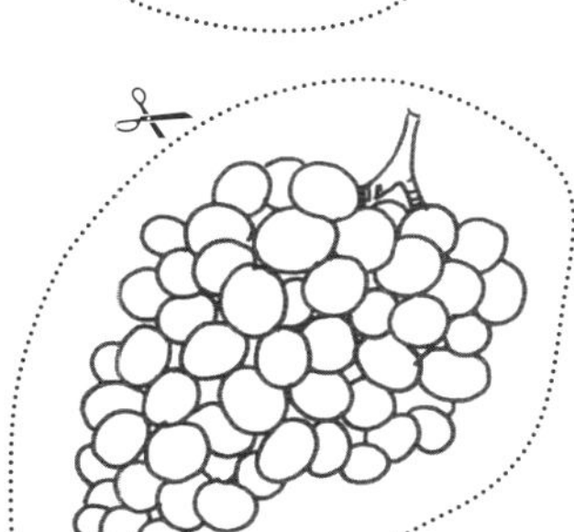

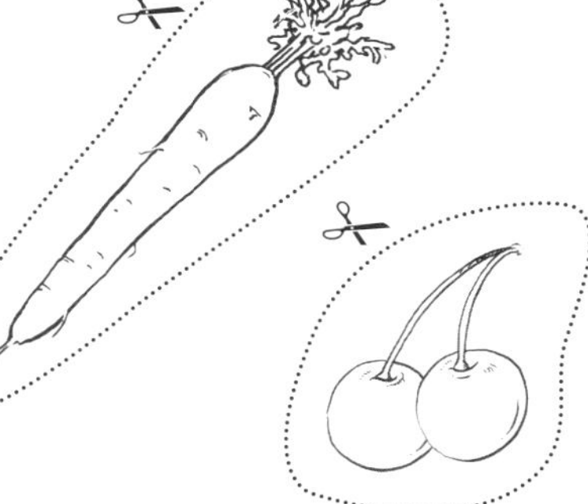

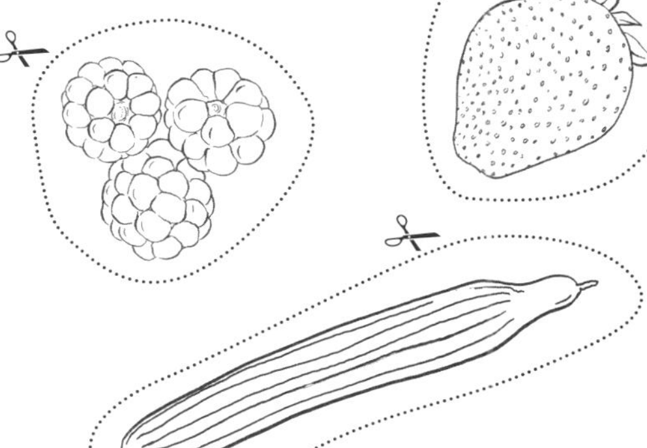

ab 3 Jahren

Mein persönliches Mandala

Male das Mandala in deinen Lieblingsfarben an.

Persönliches Farben-Gefühls-Thermometer

ab 5 Jahren

Material:
Kopiervorlage „Farben-Gefühls-Thermometer“ (s. u.), Buntstifte, verschiedenfarbige Papiere (z. B. Schnipsel oder Reste), weißer Foto- oder Tonkarton, Scheren, Kleber

Vorbereitung:
Kopieren Sie die Vorlage „Farben-Gefühls-Thermometer“ für jedes Kind und legen Sie die Materialien bereit.

Arbeitsanleitung:
Finden Sie sich an dem Arbeitsplatz zusammen. Verteilen Sie die Arbeitsblätter mit dem Thermometer-Umriss. Die Kinder sollen jedes der sechs Felder mit einer Farbe zu den passenden Gefühlen anmalen oder mit Papier bekleben, die vorher besprochen wurden. Hierfür können sie sich verschiedene Farben und Farbtöne überlegen.
Die Thermometer-Umrisse können im Anschluss ausgeschnitten und auf weißen Foto- oder Tonkarton geklebt werden.

Sprechen Sie mit den Kindern über ihr momentanes Befinden. Fragen Sie, wie es ihnen gerade geht. Die Kinder können mit dem Finger auf das entsprechende Feld zeigen und berichten: „Ich bin …, weil …“.

Kopiervorlage „Farben-Gefühls-Thermometer“

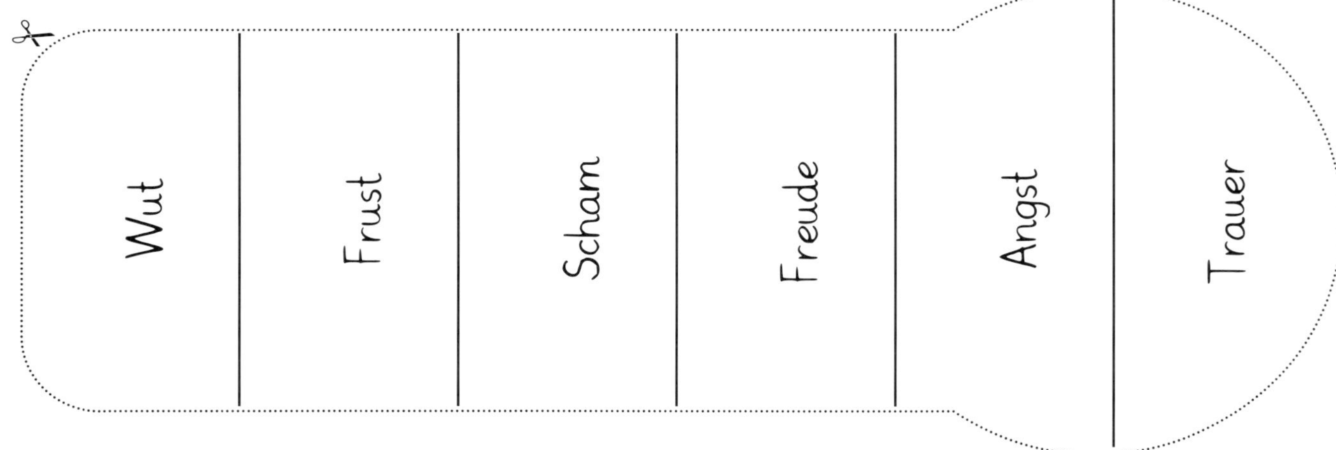

Persönliche Farben-Gefühls-Karten

ab 4 Jahren

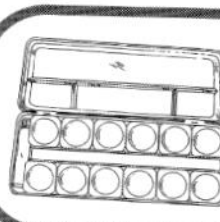

Material:
Kopiervorlage „Persönliche Farben-Gefühls-Karten" (s. u.), Bunt-, Filz- und Wachsmalstifte, verschiedene Papierarten in unterschiedlichen Farben (z. B. Bunt-, Transparent- oder Glanzpapier, Kreppband) oder andere Materialreste (z. B. Federn, Perlen), Scheren, Kleber, Bleistift, fester Ton- oder Fotokarton

Vorbereitung:
Übertragen Sie den Kartenumriss auf festen Ton- oder Fotokarton und schneiden Sie für jedes Kind eine Karte aus. Verteilen Sie die Karten. Sie können auch die Kinder die Karten ausschneiden lassen. Decken Sie die Tische mit den jeweiligen Materialien ein.

Arbeitsanleitung:
Finden Sie sich an dem Arbeitsplatz zusammen. Jedes Kind bekommt eine Karte. Fragen Sie nach dem aktuellen Befinden der Kinder. Erklären Sie, dass Sie gemeinsam Farben-Gefühls-Karten basteln wollen. Hierfür können die Kinder sich farbige Materialien und Stifte aussuchen, die ihrer Stimmung entsprechen, und damit ihre Karten gestalten.

Sprechen Sie im Anschluss über die einzelnen Karten:

- „Ich habe die Farben gewählt, weil …"

Tipp: Diese Einheit können Sie öfter mit den Kindern durchführen. Sie eignet sich hervorragend, um das aktuelle Befinden einzuordnen beziehungsweise bewusst werden zu lassen.
Es schult gleichzeitig auch das Gefühl für Farben.

Kopiervorlage „Persönliche Farben-Gefühls-Karten"

Farb-Klang-Bilder

ab 4 Jahren

Material:
festes Papier (DIN A4 oder DIN A3), Wasser- oder Fingerfarben, Pinsel, Behälter mit Wasser, Wachstischdecke oder Zeitung, Kittel

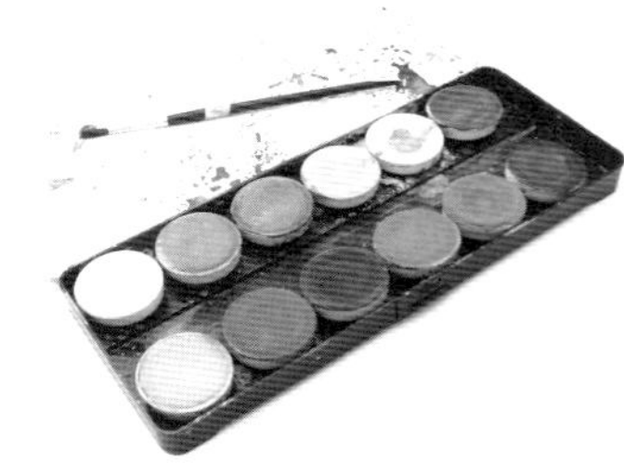

Vorbereitung:
Decken Sie den Tisch mit der Waschtischdecke oder Zeitung ab und legen Sie die Materialien bereit.

Arbeitsanleitung:
Setzen Sie sich gemeinsam mit den Kindern an den Tisch. Jedes Kind bekommt ein Blatt Papier. Rufen Sie nochmals die Einheiten zu „Farben und Gefühle“ (s. S. 12 – 24) sowie „Meine Lieblingsfarben“ (s. S. 32) in Erinnerung. Die Kinder überlegen, wie sie sich fühlen. Dazu können sie auch die Farben-Gefühls-Uhr (s. S. 22) oder das Farben-Gefühls-Thermometer (s. S.34) zu Hilfe nehmen:

- „Ich fühle mich traurig, weil …“
- „Heute bin ich ärgerlich, weil …“
- „Ich freue mich, weil …“

Im Anschluss überlegen sie sich, welche Farben dieses Gefühl darstellen könnte. Es kann natürlich sein, dass die Farbwahl widersprüchlich ist, da das Kind nicht nur ein Gefühl in sich trägt.
Die Kinder suchen sich entsprechende Farben aus. Limitieren Sie diese pro Kind auf maximal drei Farben. Die Farben können natürlich auch gemischt werden, sodass neue Töne entstehen. Machen Sie die Kinder darauf aufmerksam, dass eine Farbe viele verschiedene Nuancen hat. Grün kann zum Beispiel beruhigend wirken, aber auch giftig.
Die Kinder malen ihre Farb-Klang-Bilder. Wenn die Bilder fertig sind, werden sie zum Trocknen beiseitegelegt.
Im Anschluss werden die Bilder betrachtet. Sprechen Sie über die Farben und die Gefühle. Wurden die Farben entsprechend den Gefühlen gewählt? Oder wurden sie intuitiv gewählt, sodass das entsprechende Gefühl gar nicht im Vordergrund stand? Hier können die Kinder auch noch einmal ihre Skizzenhefte hervorholen und die Farben mit ihren Lieblingsfarben vergleichen.